LES
ADDITIONS AU COUTUMIER DE NORMANDIE

de

Guillaume Le Rouillé d'Alençon

EN TANT QU'ELLES TOUCHENT AU DROIT ROMAIN

Par le Dr Rudolf LEONHARD

PROFESSEUR DE DROIT ROMAIN A L'UNIVERSITÉ DE BRESLAU

ROUEN
Imprimerie Léon GY, 5, rue des Basnage
—
1911

LES

ADDITIONS AU COUTUMIER DE NORMANDIE

de

Guillaume Le Rouillé d'Alençon

EN TANT QU'ELLES TOUCHENT AU DROIT ROMAIN

Par le Dr Rudolf LEONARD

PROFESSEUR DE DROIT ROMAIN A L'UNIVERSITÉ DE BRESLAU

ROUEN

Imprimerie Léon GY, 5, rue des Basnage

—

1911

Les Additions au Coutumier de Normandie
de Guillaume Le Rouillé d'Alençon
En tant qu'elles touchent au droit romain

Par le Dr Rudolf LEONHARD, professeur de droit romain à l'Université de Breslau.

I

DE L'IMPORTANCE DES ADDITIONS SUSNOMMÉES POUR L'HISTOIRE DU DROIT.

En acceptant l'invitation aimable d'assister à une fête célébrée hors des frontières de ma patrie, je croyais convenable de toucher à ces parties de l'histoire de la Normandie qui rendent le millénaire de ce pays intéressant pour tout le monde européen au point de vue de la jurisprudence, c'est-à-dire de la science dont je me confesse l'humble serviteur.

A ce point de vue, j'ai choisi pour mon objet les additions de Guillaume Le Rouillé qui ajoutaient des textes romains au Grand Coutumier de ce pays.

La science du droit s'éloigne, de nos jours, de plus en plus d'un nationalisme borné, qui regardait autrefois le développement du droit de chaque pays comme une chose absolument séparée de tous les autres développements. Maintenant, on cherche les liens qui unissent les différentes branches du progrès de la civilisation dans la même famille de peuples, et on regarde les effets qui se produisent réciproquement d'une nation à l'autre. C'est aussi le chemin du vrai progrès, parce qu'il conduit à la correction et à l'amélioration de nos systèmes de droit en faisant emprunter des idées avantageuses au droit des voisins. A ce point de vue on estime avant tout les peuples qui, par une situation spéciale, devenaient des centres de réunion pour les courants de la civilisation juridique, s'unissant dans leurs idées comme des courants d'eau qui s'unissent pour former un fleuve plus grand.

Or, la Normandie joue un rôle principal dans la science du droit privé, surtout à notre époque. Cette science commence à souffrir beaucoup par une séparation des deux groupes principaux du droit européen, c'est-à-dire le système anglo-américain d'une part, que l'on pourrait nommer le système transmarin, et le système continental, d'autre part. Le commerce moderne tend de plus en plus à une augmentation des relations entre ces deux groupes en obtenant un caractère international. Pour cela, il devient nécessaire de rechercher les raisons des différences entre les deux systèmes susnommés et, parce qu'on ne peut pas comparer deux choses sans avoir trouvé auparavant des qualités communes appartenant à toutes les deux, il faut chercher dans le passé des deux grands systèmes un point de départ commun pour expliquer les idées qui rendraient possible une compréhension mutuelle.

L'histoire de la Normandie est le point de départ pour le développement des deux grands systèmes européens. En l'étudiant, nous arrivons à une source de l'unité juridique des notions fondamentales de ces systèmes. A notre époque, on comprend cette unité mieux qu'auparavant, parce qu'on ne croit plus que le droit anglais se soit développé sans des influences romaines. On sait maintenant que cette branche de civilisation a été touchée par les traditions de l'antiquité de même que le continent de l'Europe. On sait aussi qu'avant tout, par l'influence de la Normandie, on réalisait aussi en Angleterre ce mélange caractéristique de pensées romaines avec les traditions purement germaniques et celtiques, mélange qui correspond tout à fait à la langue anglaise.

Il y avait donc aussi une acceptation (réception) du droit romain dans l'Angleterre, quoiqu'elle fut différente dans ses formes et dans ses buts de la « réception » continentale, et c'est la Normandie qui a le mérite de l'avoir préparée.

Peut-être dirait-on que le mot de « réception » du droit romain ne convient pas parfaitement à cette invasion des idées antiques dans l'esprit normand et anglais, parce qu'on comprend autrement le sens de ce mot « réception » d'un droit étranger en Allemagne. Mais il ne faut pas oublier que partout, même en Allemagne, ce mot a un caractère symbolique et ne peut pas être pris à la lettre. Un système de droit n'est pas une chose transportable comme une pierre ou même une plante. Le droit se mêle partout avec toutes les autres branches de la civilisation de la même période. Si un peuple accepte des lois étrangères, les lois mêmes changent leur caractère par ce procédé. Elles s'unissent avec les idées nouvelles, elles reçoivent pour ainsi dire une couleur nouvelle, même une substance nouvelle.

Pour cela l'acceptation des lois romaines par la juridiction d'un peuple germanique ayant un passé sans cohérence avec l'histoire romaine, était une fusion d'idées de l'antiquité avec des idées d'une période plus moderne. On a souvent essayé de résoudre cette sorte d'union chimique pour en tirer l'élément romain pur et le recommander à la pratique des tribunaux au lieu du droit mêlé dont on faisait usage. Je rappellerai seulement le célèbre « Recht des Besitzes » par Savigny. Cette méthode était très favorable à la science de l'histoire du droit, mais elle était très nuisible aux intérêts des peuples dont il s'agissait. C'était une réaction dans le pire sens du mot. L'histoire ne peut pas retourner à des situations disparues.

Cette erreur résultait aussi de la conviction existant encore à l'heure actuelle que les Romains avaient un système parfait, capable d'être partout reçu comme tel. Mais ce système international n'est qu'un fantôme. Il y avait à Rome plusieurs systèmes excellents de jurisconsultes éminents, mais la totalité du droit romain n'était pas une unité cohérente et harmonique dans toutes ses parties. Ce droit romain, que nous appelons le classique, c'est-à-dire le droit des premiers siècles de l'Empire romain, était une matière fluctueuse marchant en avant. De même que Protée ne pouvait pas être saisi par ses adversaires parce qu'il changeait sa forme sous les mains de celui qui voulait le retenir, ainsi le soi-disant droit classique romain glisse comme de l'eau sous les mains de celui qui veut en former une statue. Si nous en faisons des descriptions harmoniques, cela est devenu possible seulement par un transport des systèmes plus modernes adaptés à cette matière. Quant au droit Justinian, il est plus constant que le droit que l'on appelle classique. Au temps de Tribonien, l'évolution du droit était arrivée à une sorte de stabilité, c'est-à-dire à certains résultats définitifs. Mais pourtant on s'est plaint justement que la compilation tribonienne ressemble à un tas de débris. Ce que la science moderne définit du titre officiel : « Système du droit romain » est une création plus moderne, une maison à laquelle les textes romains n'ont fourni que les pierres à bâtir, mais non le plan de la construction. On doit en conséquence dire que notre système du droit romain n'a jamais été l'objet d'une « réception », mais qu'il a été construit avec les parties du droit romain qui étaient vraiment la matière reçue. Cela se voit clairement dans l'œuvre de Guillaume Le Rouillé d'Alençon. A cause de cela on peut dire que les idées romaines ont fait leur chemin dans les tribunaux des peuples germaniques par l'esprit des savants qui les acquirent et ensuite leur construisirent une forme leur permettant d'entrer dans l'âme de leurs élèves et en grande partie aussi dans l'âme des juges et même dans les négociations de la vie quotidienne.

Par conséquent, la réception du droit romain n'était pas un transport, mais une fusion chimique d'idées d'un temps passé avec des idées postérieures. Pour cela, ce procédé ne peut pas être attribué à une période certaine de notre histoire. Il n'est pas possible d'en fixer avec exactitude le commencement et la fin. Dans un certain sens, il continue maintenant et il continuera dans l'avenir.

Pourtant il est possible de distinguer plusieurs périodes de la réception du droit romain et d'assigner une place aux additions de Guillaume Le Rouillé. Cela sera très utile pour comprendre le rôle attribué à la Normandie dans la civilisation des peuples. On pourrait parler d'une période de réception purement ingénue ou terminologique. Avec la langue latine entraient chez les peuples germaniques quelques expressions nouvelles et avec elles aussi des idées correspondantes. Cette réception naturellement était plus forte pour les peuples des langues romanes que pour les peuples conservant leur idiome national germanique. Mais l'on sait que même pour l'Allemagne, cette réception ingénue jouait son rôle, parce qu'ici des lois (leges Barbarorum) et des capitularia et aussi des instruments de négociations étaient écrits en latin, même avant l'époque que l'on a coutume d'appeler l'époque de la réception du droit romain.

A la suite de cette réception terminologique, nous trouvons une seconde période que l'on peut appeler : « la réception critique et consciente ». On acceptait des institutions de l'antiquité parce qu'on les croyait utiles et favorables à la nation qui les recevait. Cette réception n'était pas un acte aveugle, mais dictée par des réflexions. A cause de cela on peut l'appeler une réception critique. C'est à cette période qu'appartiennent les additions de Guillaume Le Rouillé. Avec le développement de la science, cette réception augmentait, et c'est elle qui a transformé des peuples absolument nationaux d'abord en peuples dont les idées sont pénétrées aussi bien de la jurisprudence nationale que des textes romains, c'est-à-dire en peuples à demi-romains et à demi-germaniques.

Cette seconde époque conduisait peu à peu à la troisième que l'on appelle la « réception κατ' ἐξοχὴν ». Alors que la réception des deux premières époques devait être incomplète, l'appétit était venu en mangeant. On arrivait alors à une réception systématique sans critique et sans bornes. On a sans doute discuté l'existence d'une réception des livres de Justinien *in complexu*. Si cela voulait dire : une réception complète sans exceptions, il faudrait nier son existence parce qu'il était impossible pour chaque nation du moyen âge d'accepter tout ce qui faisait loi au temps de Justinien. Mais si l'on parle d'une réception de ces livres aussi complète que possible, c'est-à-dire une réception qui cherchait à éviter des exceptions et à s'assimiler toute la masse des textes romains, l'expression *in complexu* caractérise très bien la tendance de cette réception faite, en France comme en Allemagne, à la fin du moyen âge. Ce qui causait ou excusait cette tendance était, avec d'autres raisons politiques, le besoin urgent de la certitude de droit et d'un code pouvant assurer cette régularité et fermeté de la juridiction dont l'absence avait tant tourmenté les peuples. L'Angleterre ne prenait pas part à ce mouvement. Les tribunaux nationaux et sa nature conservative dans le maintien des idées prononcées par les sentences de ses propres juges rendaient superflue l'existence d'un code. Sur le continent, on désirait un code civil et, ne pouvant pas créer un code national, on appliquait les codes de Justinien jusqu'au moment où les peuples savaient construire des codes modernes. Nous avons vu que les additions de Guillaume Le Rouillé n'appartenaient pas encore à cette époque, mais elles la préparaient parce qu'elles avaient, comme nous verrons, la tendance de joindre, autant

que possible, les textes romains au droit actuel (1). A ce point de vue, elles
ne sont plus conformes aux méthodes modernes. Les codes nouveaux détrui-
sirent en Europe le pouvoir des codes romains. On croyait d'abord la
science du droit devenue absolument indépendante des textes antiques.
Mais bientôt on retournait aux études de ces textes pour deux raisons différentes. La science de l'histoire et la philologie exigeaient et exigent une
reconstruction des temps passés pour le droit comme pour les autres
branches de la civilisation. A ce point de vue, il ne s'agit plus ni d'une
acception des idées antiques ni d'une fusion de ces idées avec des idées
modernes. Mais, outre cela, on cherche encore maintenant à étudier les
textes romains pour mieux comprendre les codes modernes, dont le contenu
a été écrit souvent sous l'influence de ces textes. On arrivait alors à une
quatrième période de la réception. C'est la période présente. On ne cherche
plus le droit romain dans un sens critique pour améliorer nos propres lois
comme dans la seconde période sus-nommée, et on n'y voit plus une autorité officielle comme pendant la troisième. On l'estime plutôt comme un
moyen indispensable à l'interprétation du droit de notre temps. Il s'agit
donc d'une réception ni ingénue, ni critique, ni complète, mais seulement
interprétative. Elle ne se fait plus *in complexu* et elle n'introduit pas des
idées surannées dans les tribunaux. Cette quatrième forme de réception ne
rend pas seulement des services à la science. Elle les rend aussi à la juridiction et à la compréhension des négociations de la vie quotidienne influen-
cées jadis par les textes romains.

Les tendances de cette réception actuelle sont naturellement bornées par
le passé, c'est-à-dire par l'histoire du droit. Elle regarde avant tout ces institutions antiques qui ont été réellement acceptées par le droit moderne et
des idées contenant un mélange d'idées romaines et d'idées postérieures.

C'est par cette qualité de faire une fusion des résultats du développement
de diverses époques que la Normandie surpasse beaucoup d'autres pays,
non seulement par sa situation intermédiaire entre l'Angleterre et le continent. Et parce que nous devons étudier dans notre époque de la quatrième
réception les périodes et les pays dans lesquels s'est fait un mélange des
textes germaniques avec les textes romains, la Normandie nous offre des
exemples excellents. Elle était un pays du droit coutumier joint aux pays
du droit écrit par l'appartenance au royaume français. Le procédé de l'introduction des idées romaines dans l'interprétation du Grand Coutumier
devait naturellement surpasser la même tendance en Angleterre, C'était
pour la Normandie une affaire nationale.

(1) Vgl. Brunner, *Entstehung der Schwurgerichte*, Berlin, 1872, p. 141 : « Wie erzahlt
wird, fanden die Meister des Échiquier an dieser Arbeit so grossen Gefallen, dass sie den
ausdrücklichen Wunsch ausserten, den Verfasser kennen zu lernen, ein Zug, welcher, so
unbedeutend er ist, den zu Gunsten des fremden Reichs vollzogenen Umschwung der
Anschauungen charakterisiert ».

- 8

II

RÉSUMÉ DES ADDITIONS DE GUILLAUME LE ROUILLÉ.

Parmi les savants qui se sont adonnés à l'introduction du droit romain, Guillaume Le Rouillé excellait par ses additions au Grand Coutumier. Elles sont un supplément de la « glose ordinaire » et « familiaire » du Grand Coutumier dont elles se distinguent par leur caractère savant. Brunner en fait mention (1). Il n'était pas facile de trouver un exemplaire de cette œuvre. Celui que j'obtenais enfin appartient à la bibliothèque de l'Université de Tübingen et est intitulé : *le Grand Coustumier du pays et duché de Normandie tres utile et profitable a tous practiciens. En quel est le texte diceluy en françoys, proportionne à lequipolant de la glose ordinaire et familiaire. Avec plusieurs additions, allégations et concordances tant du droit Canon que Civil. Composes par scientifique personne maistre Guillaume le Rouille Dalencon. Nouvellement imprimé à Rouen, 1539.*

M. Robert Caillemer, professeur de droit à Grenoble, avait la bonté de m'écrire qu'il y a encore une édition antérieure, à Paris, de l'an 1534.

Il n'est pas possible de traiter mon sujet complètement, dans les limites étroites dictées par la durée des discussions d'un Congrès. Il me faudra me borner à quelques exemples à même de montrer la méthode de l'œuvre à laquelle cet essai a été dédié. Pour l'explication du droit normand, le commentaire plus récent de Terrien vaudrait mieux (Cf. Brunner, v. *Holtzendorffs Encyklopädie*, 5e éd., p. 327). Mais l'œuvre de Guillaume Le Rouillé intéresse spécialement par sa tendance d'introduire des pensées romaines dans l'interprétation d'un code-germanique.

Il avait l'intention d'expliquer le droit actuel par le passé, de même que l'école moderne nommée historique. Mais le défaut énorme de sa méthode était chez lui comme dans la science du moyen âge, l'absence de la perspective historique. On regardait alors comme équivalentes toutes les autorités du passé, les Saints Ecrits et les pères de l'Eglise de même que les philosophes grecs et les textes du droit romain, et on les unissait comme des produits de la même personne à la même époque, faisant ainsi un mélange qui satisfait plus notre fantaisie que notre critique. On n'avait encore aucune idée de l'évolution historique. Pour cela on estimait à la même valeur toutes les traditions des auteurs généralement reconnus. On expliquait alors les événements historiques par des textes antérieurs qui ne pouvaient avoir eu aucune influence sur eux.

(1) *Die Entstehung der Schwurgericht*, Berlin, 1870, p. 141, et dans *Holtzendorffs Encyklopädie*, 5e édition, p. 327 : « Guillaume Le Rouillé d'Alençon, den man wohl auch euphemistich den normannischichen Coke genannt hat ».

Ainsi Guillaume Le Rouillé trouve beaucoup de relations entre le droit romain et le droit normand qui, en réalité, n'ont pas existé, mais pourtant lui servaient à illustrer et illuminer le droit de son temps par les lumières d'un passé intelligent et illustre. Dans ce sens, nous trouvons au commencement de l'œuvre, après une addition se rapportant à l'origine des Normands, une seconde addition (f° I, v°) que l'on pourrait nommer une petite esquisse d'une histoire universelle du droit, dans laquelle se mêlent des récits d'Ovide, de Xénophon, de Fabius Pictor, de Pline, de Moyse, de Josephus et de Platon, d'une manière dépourvue totalement de critique. Une autre addition (f° II) aux mots du texte : « Notre sire qui est roy paisible » fait dériver la position du duc de Normandie de la règle mentionnée au commencement des institutions de Justinien : *jus suum cuique tribuere*. Les additions suivantes se rapportent au second prologue du Coutumier, qui distingue les droits et les lois d'une manière absolument pas romaine. Mais pourtant Guillaume Le Rouillé trouve (f° III a) des textes pris des livres de Justinien pour l'illustrer. Cela lui était rendu plus facile par la distinction du droit naturel et du droit établi, faite certainement dans le texte du Coutumier selon la théorie des jurisconsultes romains qui l'avaient empruntée à la philosophie grecque. C'est la philosophie moderne et non le *Corpus juris civilis*, qui est la vraie ennemie de cette distinction.

Avant d'entrer dans les spécialités du Grand Coutumier, il faut constater que son système était absolument différent non seulement de nos systèmes modernes, mais aussi des idées systématiques, qui se trouvent dans les livres du droit romain. Pour cela il était impossible d'écrire au temps de Guillaume Le Rouillé une comparaison entre le Coutumier normand et le droit romain. Tous les parallèles entre ces deux groupes devaient se borner aux spécialités et aux institutions singulières. Cela ressort pour les trois premières distinctions de la première partie du Coutumier qui parlent de choses très différentes, avant tout de la juridiction et du justicier, matière absolument féodale et en plein contraste avec le système romain. Pourtant l'addition seconde aux mots : « *De la cour ne luy en est requise* » (f° VI, add. B.) fait un essai hardi de justifier l'indépendance attribuée à certains tribunaux par la loi romaine qui défend l'invasion de la possession d'autrui (*Dig. de vi et vi armata*) et pour cela empêche aussi le duc de troubler la juridiction des magistrats inférieurs auxquels l'exercice de cette fonction publique était donnée. Aussi l'obligation naturelle des juges de garder les lois est fondée sur des textes romains (f° VIII, add. 6). L'office au vicomte (f° IX, add. 1) est comparé aux obligations du *vicecomes* byzantin qui représentait le *praeses provinciae*. En parlant du « justicement » l'auteur arrive à plusieurs comparaisons très hardies entre le pouvoir exécutif du juge normand et le droit des *multae* et *poenae* du magistrat romain (fᵒ xiii, add. 10). Aussi la règle : *Dies interpellat pro homine* est appliquée au droit public (add. 3, fᵒ xii ff).

Alors une autre addition compare l'office du « seneschal au duc » au proconsul romain et au *praeses provinciae* (fᵒ xxi, add. 1, fᵒ xxi vᵒ, add. B). En regard de telles comparaisons, la citation du Digeste apparaît comme une chose très naturelle au chapitre XI du Coutumier qui traite la différence entre le droit coutumier et la loi (fᵒ xxii, add. 3).

Au chapitre XII « du duc », Guillaume Le Rouillé ne craint pas de citer Cicéron, *De officiis,* pour prouver que les souverains ont été créés pour conserver la justice. Du duc, le Coutumier vient à la fidélité des vassaux et au « monneage ». En parlant de l'immunité de ce tribut donnée aux chevaliers (fᵒ xxv vᵒ, add. 3), Guillaume Le Rouillé fonde ce privilège sur le droit romain (*Dig.* L, 4, 4, 3) en ajoutant : *quia nostri equites gaudent privilegiis equitum romanorum,* en faisant allusion à l'immunité des soldats de la charge du tuteur (*Dig.* xxvii, 17,7). Il continue en parlant de la dignité des chevaliers : « *Et est magna dignitas, cum imperator* (c'est-à-dire *Trajanus) militem se appellat* (*Dig.* xxix, 1, pr.).

Aux chapitres suivants la définition du « trésor » est fondée sur les textes connus du *Corpus juris civilis* (fᵒ xxviii vᵒ : de trésor trouvé, add. 1) quoique le droit normand ne soit pas conforme au droit romain, parce que les trésors découverts sont attribués selon le droit normand en tout cas au duc, comme maintenant, selon le droit anglais, au roi (cf. Ernest J. Schuster, *The principles of German Civil Law,* Oxford, 1907, p. 405). Les *forfaictures* sont comparés aux *bona damnatorum* par add. 1, fᵒ xxxiv vᵒ. L'échéance (escheance) est mise à côté des autres formes d'une succession universelle reconnues par le droit romain : *heredes, bonorum possessores et ex trebellianica successores* (cf. fᵒ xli, add. 1). Le système féodal règne pour les lois normandes du droit des héritages et des autres successions dans les immeubles. Cela donne peu d'occasions de citer des textes romains. Mais le chapitre xxxiii qui parle de « garde des orphelins » en donne d'autant plus (fᵒ liii et suivants), quoique le droit germanique des Normands ne soit pas du tout en concordance avec le droit romain de la dernière époque (cf. add. 6, fᵒ lvi : *Quia vir est caput mulieris*). Dans le chapitre de « dons des pères à leurs enfants », nous trouvons cité le *titulus Codicis de collationibus* (fᵒ lx, add. 1).

Dans la quatrième distinction du Coutumier (contenant le chapitre xxxvii et les suivants), il s'agit de délais et de formes diverses d'une excuse d'une des parties pendant un procès. Aussi, dans cette partie des additions, il y a du droit romain, mais naturellement elles ne sont pas de grand intérêt, excepté la fin (fᵒ lxix) où il s'agit de « vouchement de garant ». Cette matière est tout à faire conjointe au droit romain des évictions (add. 3, fᵒ lxx).

La « quinte distinction » (fᵒ lxx-lxxxvii) touche au droit criminel et au droit de procédure, qui tous deux en Normandie étaient très différents des mêmes parties du droit romain. Ici les additions du droit canonique étaient plutôt appliquables. Mais le savant commentateur a trouvé, même ici, quelques relations avec les textes romains. Au chapitre de « tort faictes » la notion de tort est identifiée avec l'*injuria* des Romains (fº LXXI, add. 1).

Le « court » des Normands est joint à la *curia* et au *forum* (LXXIII, v, add. 1). L'introduction du cri de « haro », un appel au duc (1), est attribuée à Rollon et est comparée à l'appel célèbre fait par l'apôtre saint Paul (fº LXXVI, add. 1).

Au chapitre « de force » la durée d'une année, pendant laquelle la plainte par l'homme spolié devait être faite, est fondée sur le droit romain de l'*uti possidetis* (fº LXXII, add. B). Une addition qui ne se rapporte pas au droit romain peut être mentionnée seulement pour caractériser la méthode de l'auteur. En expliquant l'origine du mot échiquier (*scaccarium*), qui joue un rôle si grand dans l'histoire de l'Angleterre, par la ressemblance de ce tribunal au jeu d'échecs : *in quo est rex cum militibus*, Guillaume Le Rouillé ne peut pas supprimer plusieurs citations savantes pour prouver la difficulté de ce « jeu royal », ce qui ne regarde pas du tout le droit du tribunal suprême (add. 1, fº LXXVII).

Le droit « de pleges » est comparé au droit des *fidejussores* (fº LXXXI, add. 1), les « semonces » (*summonitiones*) à l'*in jus vocatio* des Romains. De même, pour le droit « de temoings », nous trouvons des allusions au titre romain : *de testibus*. Les « conteurs » sont comparés aux *advocati* (fº LXXXVI, add. 1) et les « attournés » aux *procuratores* (fº LXXXVII, add. 1, 2), les « veues » (visions) aux enquêtes officielles pour l'inspection d'un cadavre d'une personne assassinée et pour l'*inspectio ventris* (*Dig.*, XXV, 4; fº LXXXVII, add. 5).

Du chapitre LXVII jusqu'à la fin, se développe la partie seconde du Coutumier divisée en quatre distinctions. La première traite des querelles personnelles; la seconde, des querelles de possession; la troisième, des briefs et records; la quatrième, des « rappeaulx, enquêtes et lois ».

Toutes ces institutions judiciaires sont absolument inconnues au droit romain et les additions, qui osent trouver des ressemblances entre elles et les textes romains, sont très rares, peu intéressantes et très maladroites. Les « querelles personnelles » regardent les blessures de la personne et sont pour cela absolument différentes des *actiones in personam* romaines, ce que Guillaume Le Rouillé semble nier en citant au texte « de querelles » (chap. LXVII) la division des actions romaines dans la loi *Actionum genera* (*Dig.* 44, 7, 25; add. I, fº LXXXVIII, v.).

---

(1) Cf. Brunner, *Entstehung der Schwurgerichte*, p. 140 : « Haro lautet das normannische Gerüfte ».

Les querelles suivantes qui sont des querelles de possession, ne concernent pas seulement le *jus possessionis,* mais aussi le *jus possidendi.* Au temps de la perfection du Grand Coutumier peut-être, on ne distinguait pas encore exactement ces deux genres d'actions, c'est-à-dire les actions « possessoires » et les actions « pétitoires » dans le sens romain de cette distinction. Pourtant notre auteur ajoute au chapitre LXXXVII « de querelle de possession » dans une addition (f° vii, n. 1), les mots : *Hic tractatur materia quae habetur Dig. et Cod. De acquir. poss.* (1).

Les chapitres suivants mentionnent la « querelle de debte » et « l'action de covenant », deux formes qui ne sont pas comparables à des genres d'actions romaines, mais qui jouent un rôle énorme dans l'histoire du droit anglais, dans laquelle elles expliquent le système anglo-américain. Celui-ci s'est formé sous l'influence de genres d'actions venant de la Normandie. Ici ils surpassaient la période de la conquête de l'Angleterre par les Normands qui les introduisaient dans les tribunaux anglais (2). Qu'il me soit permis de citer une description très savante de l'évolution du système anglo-américain des conventions. C'est l'œuvre de O.-W. Holmes Jun : *The Common Law,* Boston, Little Brown et C°, 1881, p. 247 et suiv., voir aussi p. 77 et suiv., p. 168 et suiv.

Guillaume Le Rouillé ne savait rien de cette connexion. Certainement il n'en fait pas mention. Mais nous ne pouvons pas le blâmer pour cela, parce qu'il perd ici, de plus en plus, l'occasion de citer des autorités romaines.

Cela ne se rapporte pas à toutes les matières suivantes, mais avant tout aux briefs (*brevia*) dont une grande quantité est traitée dans ces parties dernières du Coutumier.

Ces *brevia* étaient d'abord des ordres donnés aux juges et leur ordonnant de procéder sous certaines conditions. Plus tard, ils étaient changés en formules de plaintes mentionnant les mêmes conditions d'une condamnation de l'adversaire, contenues d'abord dans les briefs. Ces *brevia* correspondaient aux *writs* de l'histoire du droit anglais (3).

Nous trouvons alors ici deux branches du même arbre, c'est-à-dire du droit normand, l'une au continent et l'autre en Angleterre. Naturellement, ces branches ne produisaient plus les mêmes fruits après leur séparation. En Angleterre, ces genres d'action normands conservaient leur originalité beaucoup mieux qu'en France, parce que les idées de la partie méridionale de la France, c'est-à-dire des territoires du droit écrit, ne les absorbaient pas, étant dans l'impossibilité de traverser le canal de la Manche.

(1) Aussi Brunner, *Entstehung der Schwurgerichte,* p. 309, 312, 326, distingue les brevia pétitoires des brevia possessoires.

(2) Cf. Brunner, *Entstehung der Schwurgerichte,* Berlin, 1872, p. 132, 135, 136, et sur *Houard* et ses œuvres, p. 144, *Holtzendorffs Encyklopädie,* 5ᵉ édition, p. 328.

(3) Brunner, *Entstehung der Schwurgerichte,* p. 309, 404 et suivantes.

L'évolution des notions juridiques par les formules de procédure anglaise ressemble beaucoup au développement romain, pour lequel, selon un mot de Keller, la procédure formulaire était une usine dans laquelle on forgeait les notions juridiques du droit romain. Pour les deux nations, les idées de droit venaient de formules absolument différentes.

Pourtant nous devons désirer qu'un nouveau Guillaume Le Rouillé trouvât à l'avenir des analogies de ce genre impossible d'imaginer avant la découverte du livre quatrième des institutions de Gaïus à Vérone. Une telle analogie entre l'influence des formules romaines dans le droit de l'époque suivante et l'influence des formules normandes (*brevia* ou *writs*) dans le développement du Common Law jetterait une pleine lumière sur les raisons principales des différences systématiques des deux groupes du droit civil européen, c'est-à-dire du droit continental et du Common Law. Peut-être découvrirait-on, à cette occasion, la nature de la transformation de la procédure formulaire à Rome dans l'époque postérieure où le procès commençait par un *libellus actionis*. Les *brevia* ou *writs* se transformaient naturellement en simples formules de plaintes, à partir du moment où leur usage était certain et ne dépendait plus de la décision arbitraire d'une autorité. Aussi, à Rome, l'époque à laquelle les plaignants dictaient les formules à leurs adversaires préparait la période interdisant au magistrat de donner cours à la plainte, mais l'obligeant à accepter seulement les plaintes reconnues par la loi. Naturellement, ces plaintes contenaient alors à peu près le même texte, comme auparavant les ordres donnés aux juges.

Mais ce sont des hypothèses qui dépassent les limites de notre sujet. Maître Guillaume Le Rouillé ne touche pas à ces questions, et pour cela il s'éloigne de plus en plus des textes romains vers la fin de son œuvre, sauf dans la dernière addition (f° clx v°), où il traite de la prescription comme on l'entendait de son temps et la faisait dériver des textes romains.

Nous pouvons espérer qu'aucune prescription ne portera atteinte à son œuvre. On pourrait peut-être dire que sa méthode le fera oublier, parce qu'aujourd'hui personne n'oserait franchir comme lui une suite de siècles, en unissant des choses qui n'avaient pas de connexion historique.

Mais cette faute ne diminue pas la valeur que nous devons attribuer à son travail, même pour notre époque. Il nous faut constater que ses additions contiennent une jurisprudence comparative inconsciente. L'auteur voulait faire dériver son droit des époques passées qu'il regardait comme classiques et ayant une autorité immortelle. Ainsi il arrivait à des comparaisons qui, en tout cas, illustraient et élargissaient les horizons de la science du droit de son pays.

Cette qualité le caractérise comme un véritable juriste. C'est surtout une particularité de la jurisprudence d'animer le passé disparu. Cette vertu appartient à notre auteur et aussi à sa patrie. Pendant dix siècles, la Normandie a su unir des traditions respectables à une vie florissante et pleine de promesses pour l'avenir.